ROME

ET

LA FRANCE

CHRONIQUE DE L'ÉPOQUE

PAR

L'ABBÉ THIÉBAUD

CHANOINE DE BESANÇON

Vicaire gén. hon. de Montauban, Membre de plusieurs Sociétés savantes, etc., etc.

BESANÇON

IMPRIMERIE DE J. BONVALOT

—

1870

ROME ET LA FRANCE.

CHRONIQUE DE L'ÉPOQUE.

I.

Au milieu des lamentables circonstances que nous traversons, pour peu que l'on y réfléchisse et que l'on compare les malheurs du présent avec la condition morale de notre passé, on est forcé de s'écrier : Nous l'avons bien mérité; *Meritò hæc patimur, quia peccavimus.* Non-seulement la France avait l'orgueil de se croire la première nation du monde, mais elle prétendait encore imposer sa morale, sa philosophie, ses modes, son irréligion et ses impiétés aux deux hémisphères. Sur des milliers de journaux en vogue, c'est à peine si l'on pouvait en compter quelques-uns se faisant un devoir de plaider la cause de Dieu. Et encore ceux qui avaient le courage de parler religion et morale chrétienne étaient signalés comme des retardataires qui ne comprenaient rien au courant des idées, et leurs généreux efforts n'étaient le plus souvent régardés que comme les derniers accents d'une morale de sacristie, d'une science en décadence et d'une doctrine usée.

Ce mal de l'esprit avait tellement gagné les meilleures volontés que l'on commençait à croire que le catholicisme en était à son dernier soupir; l'athéisme officiellement professé par l'Etat, la corruption récompensée par les plus hautes charges, la vénalité payée à poids d'or étaient à l'ordre du jour dans tous les rangs de la société. On eût pu dire que nous étions arrivés à ces temps dont parle le prophète Osée : *Non est enim veritas, non est misericordia et non est scientia Dei in terrâ; maledictum, et mendacium, et homicidium, et furtum, et adulterium inundaverunt : propter hoc lugebit terra et infirmabitur omnis qui habitat in eâ* (Osée, IV, 1-3).

Dès nos premiers conflits entre la France et la Prusse, nous avons été péniblement saisi d'une pensée que nous avons bien des fois exprimée devant des esprits loyaux et raisonnables, mais qui, voyant le côté surnaturel vers lequel notre foi nous inclinait, faisaient très-peu de cas de nos aperçus. Exclusivement appuyés sur le bras militaire de la France et sur sa réputation, ils voyaient la victoire leur sourire partout. Nous ne parlerons pas de nos impardonnables imprévoyances, de notre pédante suffisance, de nos orgueilleuses bravades, qui allaient jusqu'à croire qu'il n'y avait de la Prusse que pour un déjeûner, après une promenade militaire. Volontiers on eût dit avec Régnier :

Pourvu qu'on soit morguant et qu'on bride sa moustache,
Qu'on frise ses cheveux, qu'on porte un grand panache,

on se croyait déjà vainqueur.

Les mécomptes sont aujourd'hui trop certains pour n'en pas gémir jusqu'aux larmes; mais rares encore ceux qui consentent à remonter aux véritables causes de tant de malheurs. Elles peuvent être de plusieurs genres, mais nous nous arrêterons ici à un seul point, qu'il n'est que trop facile aujourd'hui de démontrer par l'évidence des faits.

II.

Il y a toujours eu coincidence mystérieuse entre Rome et la France. La Providence a si étroitement uni leurs destinées réciproques que les services rendus au Saint-Siége ont toujours été pour la France le gage d'une protection particulière. Comme aussi la France ne s'est jamais détachée de la cause du Saint-Siége sans se voir bientôt humiliée par quelque grande catastrophe. Telle a toujours été l'invariable consécration de sa fidélité ou de ses ingratitudes envers la Papauté.

Comme si les chutes suprêmes avaient reçu l'ordre providentiel de répondre aux grands attentats, la France est aujourd'hui précisément punie par où elle a péché : *Per quæ peccat quis, per hæc et torquetur*. Toutes les armes de cette diplomatie mensongère et hypocrite, dont la France se servait depuis si longtemps contre Rome, se retournent aujourd'hui contre elle-même avec une si cruelle intelligence de représailles que toutes ces maximes d'une morale malsaine, qui ridiculisaient l'enseignement catholique, et toutes ces ruses de haine contre la faiblesse du Saint-Siége sont aujourd'hui ironiquement employées pour nous fustiger. Notre seul abandon de Rome est une faute d'ingratitude, si ce n'est pas une trahison : *Dominum dereliquerunt in non custodiendo* (Osée, IV, 10); aussi la soudaineté et l'irrésistible puissance des évènements actuels ne sont que le prix de la flagellation que nous avons, de sang-froid, laissé imposer au Saint-Siége. Si nos droits sont aujourd'hui méconnus, n'est-ce pas pour avoir toléré que l'on méconnaisse ceux de l'Eglise et de son Chef[1] ?

[1] Pie IX, parlant à plusieurs Français, disait : J'aime votre empereur, parce qu'il m'a toujours promis tout ce que je lui ai demandé ; mais ma confiance est assez limitée, parce qu'il ne m'a jamais rien accordé de ce qu'il m'a promis.

Un diplomate, profond observateur des causes et des effets, proclamait d'un ton narquois cet aphorisme prophétique, que l'on n'oserait pas répéter s'il n'était inspiré par l'expérience : *Quiconque mange du Pape en crève.* Cet excès d'ironie de la part d'un amer penseur revient du reste à cette parole de M. Thiers : se trouvant tout récemment au milieu des fêtes que l'on célébrait à Florence à l'occasion de la prise de Rome, il ne se gêna pas pour dire aux différents personnages haut placés qui l'entouraient : *Prenez garde, messieurs; vous fêtez votre mort!* Dans ce seul mot, il y a toute la philosophie de l'histoire la plus instructive. Mais ce n'est pas assez de parler en figures. Citons l'histoire elle-même dans ce qu'elle nous offre de plus actuel et de plus frappant. Ouvrons son répertoire, c'est là que nous trouverons la vérité.

III.

Le mal, ou plutôt la cause de tous nos maux, ne date pas d'hier.

Quelques évêques français se sont hautement déclarés les chaleureux défenseurs de la souveraineté temporelle du Pape; leurs savants écrits ont démontré l'injustice des projets spoliateurs qui méditaient de déposséder le Pape de ses Etats. Rien de mieux dit, rien de plus logiquement raisonné, sans doute; mais ce n'était là que la petite moitié de leur devoir. D'ailleurs, ce que ces quelques prélats ont écrit et ce qu'ils ont fait, tous les évêques de la catholicité, sans en excepter un seul, l'auraient également fait, s'ils n'avaient pas jugé à propos de laisser parler ceux qui étaient en position de se mieux faire entendre.

Mais remarquons-le : pendant que ces célèbres et éloquents évêques faisaient de si beaux discours en faveur de la souveraineté temporelle du Pape, ils se montraient eux-mêmes les ennemis déclarés de sa souveraineté spirituelle, qu'ils considéraient comme attentatoire à l'autorité de l'Eglise gallicane. Comme s'ils eussent voulu déguiser leur jalousie contre les priviléges du Saint-Siége, en même temps que ces philodoxes du catholicisme libéral élevaient la voix pour l'indépendance temporelle du Pape, ils publiaient par toute la France leur fameux *Droit coutumier*, qui sapait par la base les incommunicables priviléges de l'autorité du souverain Pontife. Or, il est aujourd'hui notoire que les plus ardents propagateurs de cette œuvre hérétique sont identiquement et numériquement les mêmes que ceux qui se sont érigés en contradicteurs permanents du Saint-Siége pendant tout le cours du concile. C'est là que toute l'énergie de leur zèle pour le temporel du Pape s'est changé en courroux contre son autorité spirituelle, et que la vaste étendue de leur science s'est traduite par un insolent scandale, dont les auteurs sont assez connus pour que nous ne les signalions pas ici par leur nom. Il suffit de savoir qu'à la faveur du gouvernement impérial, dont ils se sentaient appuyés, trois ou quatre des plus célèbres prélats français se disaient mandatés par l'Eglise gallicane pour soutenir ses droits, c'est-à-dire pour porter la rébellion et l'hostilité jusqu'au pied du trône de saint Pierre. Déjà éblouis par la magie de leur science, ébranlés même par l'ascendant de leur autorité, quelques membres du peuple chrétien commençaient à se ranger avec ces catholiques protestant contre la voix du Grand-Prêtre : *Populus tuus hic sicut hi qui contradicunt Sacerdoti* (Osée, IV, 4). En un mot, la France politique voulait ôter à Pie IX sa royauté temporelle, et la France gallicane voulait ôter l'infaillibilité à l'Esprit saint. L'accord avait déjà réussi en partie; mais la résistance et l'opposition venant précisément de la part de ceux qui auraient dû donner l'exemple de la soumission et de la fidélité, c'était déjà là un symptôme avant-coureur des maux qui devaient fondre sur la France, comme la pluie d'un ciel irrité sur une terre coupable : ce châtiment ne s'est pas fait attendre.

L'apôtre saint Luc nous a prévenus que de pareils outrages ne restent jamais impunis : *Ei qui in Spiritum sanctum blasphemaverit non remittetur;* car cette furibonde opposition, qui du sein du concile a retenti dans tout l'univers, représentait déjà, en nature, la terrible révolution qui s'est opérée il y a à peine trois mois. La Prusse, ce fléau de notre patrie, comme les sauterelles sont le fléau de l'Afrique, n'est aujourd'hui que l'exécuteur des hautes œuvres de la Providence. *Gens enim ascendit super terram, fortis et innumerabilis, depopulata est regio, luxit humus,* etc. La protestante Angleterre, stupéfaite elle-même des foudres qui nous écrasent, ne peut s'empêcher de dire que c'est la main de Dieu qui porte les coups, parce que la France a manqué aux devoirs que lui imposait son titre glorieux de fille aînée de l'Eglise : *Quia tu scientiam repulisti, repellam te* (Osée, IV, 6).

IV.

En 1846, dans le mois de septembre, la jeune fille de la Salette prédisait que dans vingt-quatre ans au plus, si la France ne réparait pas ses fautes, il se passerait d'étranges choses, qui l'humilieraient et qui étonneraient l'univers. Non-seulement la fatale prédiction faite sur cette mystérieuse montagne n'a pas été plus écoutée que celle de Noé au temps du déluge, mais nos esprits-forts en ont de plus fait la risée de leurs sarcasmes et ont pris en pitié quiconque lui accordait quelque créance. Puisqu'ils savent si bien compter, nous les prions simplement aujourd'hui d'ajouter à 1846 les vingt-quatre ans prédits, et ils trouveront, je pense, que le mois de septembre 1870 est précisément celui où nos désastres ont pris la tournure d'une défaite désespérée. Le Pape, à qui seul la petite vierge de la Salette a révélé d'autres mystères encore plus explicites et plus profonds, a vu dès lors venir l'ébranlement général qui existe aujourd'hui. Ainsi préparé d'avance à des maux qu'il n'a pu conjurer, rien ne l'étonne : au plus fort de l'orage, il prie, il souffre avec la sérénité du juste, et il espère.

V.

Attérés comme nous le sommes, l'actualité absorbe tous les sentiments. Le moment n'est donc pas aux études rétrospectives. Cependant rappelons ici que pendant l'été de 1858 Napoléon complotait à Chambéry avec Cavour. Il fut stipulé, comme l'avait fait Judas Iscariote avec les Juifs, que pour prix des mains que Napoléon donnerait au roi de Piémont dans le but de chasser l'Autriche de la Lombardie et de faire de Rome la capitale de toute l'unité italienne, y compris le royaume de Naples, la Savoie serait annexée à la France. Pour arriver à son but d'envahissement, l'Italie avait besoin d'une alliée qui eût les mêmes intérêts et qui fût tourmentée de la même soif de déprédation ; aussi dès l'année suivante, toujours dans le mois de septembre, une autre solennelle entrevue avait également lieu, à la suite de laquelle Cialdini et Fanti reçurent l'ordre de ne pas retarder plus longtemps l'accomplissement de ce sacrilége attentat. Le mandat de *fare præsto* ne pouvait pas être confié en des mains plus hostiles au Saint-Siége ; mais, le 4 septembre 1870, la vengeance de Dieu a *fato præsto,* c'est-à-dire qu'elle est encore allé plus vite, en abattant ce trône, à l'ombre duquel se tramaient les complots les plus pervers en haine du Pape et du Saint-Siége.

VI.

Qui veut la cause, veut l'effet. L'on a assez dit que le *royaume de Dieu n'était pas de ce monde ;* que, pour gouverner spirituellement l'Eglise et pour commander par l'autorité de sa parole à l'univers catholique, le Pape n'avait pas plus besoin d'avoir des provinces en Italie qu'en Chine ou ailleurs, et qu'il devait savoir se contenter de la résidence que voudraient bien lui offrir ceux qui le reconnaîtraient pour leur chef comme prince des apôtres. Chacun sait que c'est parmi la généralité de nos grands ministres que cette doctrine de jalousie et de rapine a trouvé les plus ardents zélateurs. Arrive la guerre d'Italie, qui eut non-seulement pour résultat de rejeter l'Autriche au delà des Apennins, mais de voler l'Eglise en réduisant les Etats pontificaux à la proportion d'un de nos départements de France; or, voilà qu'aujourd'hui, comme par une juste compensation de ses connivences, la France, juridiquement responsable des outrages faits au Saint-Siége, se voit privée de deux provinces, d'autant plus précieuses pour elle qu'elles ouvrent la porte de son territoire, et qu'elles donnent prise au facile envahissement de tout le reste. Nous serions inconsolable si cette injuste doctrine des faits accomplis, que nous avons tant de fois invoquée pour justifier notre insouciance envers le Saint-Siége, devait avoir force de loi par droit de conquête. Mais enfin qui pourrait trouver mauvais que l'on dise à la France : *Tu l'as voulu*, puisque, par ton concours et ton consentement, tu as été la force morale qui a commis un semblable attentat, au préjudice de la plus légitime jouissance et du plus débonnaire de tous les possesseurs?

VII.

Il n'est si laide médaille qui n'ait son revers, comme il n'est faute capitale qui n'ait ses conséquences. Le 18 août 1870 (retenons bien cette date), après une discussion de plusieurs mois, le principe de toute autorité, qui aurait dû rallier tous les esprits raisonnables à la cause de la religion, en affirmant l'inerrance du Chef de l'Eglise en matière de foi, a été conciliàrement proclamé. La France a tout fait et tout laissé faire pour empêcher cette définition, qui heurtait l'orgueil de nos hommes d'Etat. Mais, chose bien remarquable, cet impérissable décret, solennellement rendu le 18 à Rome, a été suivi dès le lendemain 19, à Paris, de la fatale déclaration de cette guerre désastreuse qui décime aujourd'hui nos populations, et qui a déjà réduit une partie de la France à un état voisin de la ruine; comment ne pas voir une corrélation mystérieuse entre ces deux dates qui se touchent et dans les évènements qui en sont la conséquence?

VIII.

Malgré la différence des temps, il y a toujours eu entre la France et l'Eglise une indestructible solidarité. Par un motif humainement justifiable, en raison des circonstances critiques, la France avait réellement besoin de toutes ses ressources actives. On rappela donc 10,000 hommes que l'honneur du drapeau français retenait à *Civita-Vecchia* comme protection des Etats pontificaux. On devait bien penser que c'était ouvrir la cage à des lions affamés, prêts à se jeter sur Rome comme sur une proie qu'ils convoitaient depuis longtemps. Cette considération, qui n'a pas échappé à l'esprit le plus vulgaire, n'a cependant pas empêché d'abandonner à son sort la faible cité romaine; mais, chose bien remarquable, le jour même du retrait de nos troupes, la France perdait le même nombre d'hommes, c'est-à-dire 10,000, à la bataille de Wissembourg. Qui oserait dire que ce cruel échec n'a pas été infligé au drapeau de la France pour n'avoir pas compris l'honneur de la mission protectrice que la Providence lui avait confiée?

IX.

L'erreur dans la cause ne peut jamais amener que des mécomptes dans le résultat. Ayant été tranquilles spectateurs de la violation du territoire sacré de l'Eglise, et ayant regardé de sang-froid le galant homme sacrilége s'emparer du peu qui restait encore au SS. Pontife, on pouvait prédire qu'une pareille faiblesse serait le signal de quelque malheur inattendu et de quelque honte nouvelle pour notre patrie. On sait ce qui est advenu, et l'on est comme forcé de reconnaître que la capitulation de la France devant les projets sacriléges de Florence n'était que le préliminaire de la capitulation de Sedan; et pour comble de coïncidence, à peine l'Europe connaît-elle la honte de Sedan que les troupes de Victor-Emmanuel prennent le chemin de Rome, en même temps que les débris de notre armée en déroute prenaient la fuite, sans savoir où se réfugier.

X.

Après la campagne d'Italie, un congrès européen devait avoir lieu pour régler les ambitions du galant homme et poser les garanties du territoire réservé à la royauté temporelle du souverain Pontife. Il est permis de croire que les puissances appelées eussent respecté les anciennes et imprescriptibles limites du domaine de l'Eglise. Mais, dans sa retentissante brochure *le Pape et le Congrès*, qui parut sous l'inspiration de la France, M. de la Guéronnière rendit la réunion impossible; il démontra si insidieusement que c'était au Pape seul à soutenir ses droits, qu'il contribua à faire échouer le projet d'un congrès et à laisser accepter comme un fait accompli la spoliation des trois-quarts des Etats pontificaux, au profit du voleur accrédité par la trop mielleuse et cruelle diplomatie de la France irréligieuse.

Mais il y a à peine quelques semaines que M. de la Guéronnière lui-même s'est vu, coup sur coup, objet d'abord d'une arrestation assez humiliante pour un représentant de la France, et ensuite victime d'un vol hardi d'une somme assez ronde qu'il rapportait de sa mission d'ambassadeur : et ce n'est pas tout. Pour la réparation qu'il réclamait, il vient d'être déclaré traître à la patrie et expulsé du territoire français. C'est vraiment poignant; mais de quoi pourrait se plaindre cet ennemi déclaré des droits sacrés de l'Eglise, puisque la Providence ne fait que lui appliquer les principes qu'il a eu le talent de faire prévaloir contre le Pape? A Son Excellence maintenant de soutenir ses droits, si elle en a. Mais pour un ancien journaliste en renom il aurait dû ne pas oublier que le prophète Aggée lui avait prédit qu'en thésaurisant ainsi le prix de ses récompenses, c'était mettre sa bourse dans un sac troué : *Qui mercedes congregavit et misit eas in sacculum pertusum* (Aggée, ch. I).

XI.

Il faudrait ne pas connaître Paris pour ignorer que la loi athée de l'Etat y trônait en reine, que le blasphème y était devenu la langue sociale, que le travail du dimanche y était dans les mœurs de l'économie, que le mensonge y était à la mode; il s'agissait en conséquence de donner une satisfaction à tous les artistes de la rue, c'est-à-dire à ce peuple sans Dieu. Nos hommes d'Etat ne virent pas de plus belle occasion pour cela que l'inauguration de la statue de Voltaire, de ce vil pronostiqueur, qui a tant de fois émis le vœu qu'il fallait étouffer le catholicisme dans la boue, à commencer par la tête, qui était à Rome. Le jour fixé pour une pareille apothéose fut la veille même de la fête de l'Assomption de la sainte Vierge. Un anachronisme aussi impie était parfaitement prévu par le code pénal de la Providence. N'importe : les zélantis parisiens, se souciant peu de la pénalité de cet article, voulurent au contraire avoir le mérite de le braver par ce triomphe imbécille. Mais la vengeance se préparait et l'impunité ne pouvait pas être retardée : en effet, c'est ce jour-là même, le 14 août 1870, où la France préconisait ce vieux flagorneur prussophile, et où elle en faisait un dieu protecteur, que nos plus beaux bataillons furent enfoncés devant Metz, et le généralissime obligé de se replier tristement sur Verdun.

XII.

Un de nos ministres d'Etat, quoique tout fraîchement improvisé, voulant faire preuve d'aptitude dans le métier des finances, ne trouva pas de sujet plus inoffensif et de proie plus facile à exploiter que l'innocent Pie IX. Par un décret foncièrement haineux, il interdit la monnaie du Pape en France, quoiqu'elle fût de valeur égale à la nôtre, et que même elle fût reconnue meilleure que celle des autres provinces par tous les essayeurs patentés et par les chimistes bénévoles; elle n'en fut pas moins dépréciée et récusable, par ordre de Son Excellence, à qui la seule vue de l'effigie du Pape faisait mal au cœur. Nous ne récriminerons pas contre M. le ministre en disant qu'il n'a fait que paraître et disparaître aussitôt après cet acte de flagrante injustice : *Transivi et ecce non erat.* Mais ne serait-ce pas pour avoir donné les mains à cette chicane de déprédation et de ruine préméditée que la France se voit aujourd'hui dépourvue elle-même de son propre numéraire national, devenu si rare que nos villes encore libres de l'enceinte ferrée des Prussiens ont été obligées de créer des papiers-monnaies pour subvenir aux plus pressantes exigences de la situation?

XIII.

Encore de nouvelles et mystérieuses coincidences. — Enhardi autant par l'élasticité de nos garanties passées que par le départ de nos troupes et par nos défaites successives, le roi de Piémont ordonne l'usurpation des Etats pontificaux, en même temps que le roi de Prusse opère à marche forcée l'envahissement de la France. Le jour où le Vatican est investi, le palais des Tuileries n'est plus qu'une maison à louer ou à vendre. Le bombardement de Rome commence avec le siége de Paris, et le jour où le galant homme de Florence se fait geôlier du Pape, Napoléon, empereur, devient prisonnier du piétiste Guillaume de Berlin.

Pourquoi tant de catastrophes et de désolations dans ce terrible mois de septembre, si ce n'est parce qu'il se signale aux yeux de la Providence comme une époque d'impiétés, de faiblesses, de sacriléges et de trahisons? Quand on a prêté la main au crime, on n'est plus libre d'échapper à l'expiation. De même que les extrêmes se touchent, ces grands phénomènes nationaux s'appellent et se commandent : on dirait, en effet, que tout cela est fait exprès; les uns pour les autres. Je pèserai leur duplicité, dit le Seigneur par le prophète Osée; je les paierai selon la méchanceté de leurs machinations, et j'imposerai à toute leur gloire de se changer en ignominie : *Visitabo vias eorum, et cogitationes eorum reddam eis, et gloriam eorum in ignominiam commutabo.*

XIV.

Comme on le voit, nous n'inventons rien ; sobre de réflexions, nous ne faisons qu'enregistrer des dates, toutes remarquablement instructives par les évènements extraordinaires qui y correspondent. Fondée sur l'irrécusable logique des faits, la philosophie de l'histoire peut déjà en tirer ses conséquences.

Quand un peuple ne reconnaît plus d'autres lois, d'autres freins que ceux d'une administration policière, les crimes sont inévitables. La punition peut se faire attendre; mais si le mal continue, elle n'est que retardée, et rarement il s'écoule bien du temps avant que les mêmes principes d'apostasie sociale où irréligieuse qu'il a fomentés, ou au moins autorisés, ne lui soient appliqués dans toute leur rigueur; c'est un fait qui ne se discute pas.

Toutes les fois que la France s'est ravalée aux incertitudes d'une politique ambitieuse, aux fausses habiletés de la diplomatie, aux compromis secrets avec la démagogie, chacune des connivences dans lesquelles elle a trempé en pactisant avec les ennemis du Saint-Siége, a été le signal de quelque calamité prochaine, et toujours elles lui ont attiré des humiliations proportionnées : l'expérience est faite, le doute est impossible.

Un journal de Paris affirme que le maire d'un certain arrondissement, si adroit à casser un crucifix d'un seul coup de canne, vient d'être décoré par une seule main d'une belle paire de soufflets.

Mais avec ce système de bascule compensatrice et après tous ces verdicts d'éclatante justice distributive déjà rendus, on me demandera pourquoi M. Victor-Emmanuel, premier ténor dans le drame qui se joue aujourd'hui, ne figure-t-il pas encore parmi les lauréats de 1870. D'abord, n'étant que simple assistant bénévole à la distribution solennelle des récompenses, je ne peux que voir, écouter et attendre; mais si je parcours le programme que l'on a délivré au public dont je fais partie, j'y vois que ce célèbre élève de la démagogie maçonnique a déjà eu, cette année, tous les premiers accessits aux grands prix d'hypocrisie et d'irréligion, ce qui, très-certainement, nous annonce qu'il sera bientôt couronné selon ses mérites. M. le comte de Maistre, qui s'y connaît, nous révèle les succès brillants qu'il obtiendra à la première répré-

sentation. Quoique anticipée de quelques vingt ans, cette indiscrétion de la part d'un vieux professeur mérite d'être citée textuellement : « Tout prince qui emploie ses forces à la
» propagation du christianisme légitime en sera infailliblement récompensé par de grands succès, par un long règne,
» par une immense réputation, ou par tous ces avantages
» réunis; il n'y a point, il ne peut y avoir d'exceptions sur
» ce point. Constantin, Théodose, Alfred, Charlemagne, saint
» Louis, Emmanuel de Portugal, Louis XIV, etc., tous les
» grands protecteurs ou propagateurs du catholicisme,
» marquent dans l'histoire par tous les caractères que je
» viens d'indiquer. Dès qu'un prince s'allie à l'œuvre divine
» et qu'il l'avance suivant ses forces, il pourra sans doute
» payer son tribut d'imperfections et de malheurs à la triste
» humanité, mais il n'importe : son front sera toujours marqué d'un certain signe que tous les siècles révèreront.

» Par la raison contraire, tout prince qui, né dans la
» lumière, la méprisera ou s'efforcera de l'éteindre, et qui
» surtout osera porter la main sur le souverain Pontife, ou
» l'affliger, peut compter sur un châtiment temporel et
» visible : règne court, désastres humiliants, mort violente
» et honteuse, mauvais renom pendant sa vie et mémoire
» flétrie après sa mort; c'est le sort qui l'attend en plus ou en
» moins. De Julien à Philippe le Bel, les exemples anciens
» sont écrits partout, et quant aux exemples récents....., » l'histoire est assez formelle et les choses parlent assez d'elles-mêmes pour que nous nous bornions aujourd'hui au rôle de simple spectateur.

En effet, la question romaine a toujours été pour la France une question de vie ou de mort. C'est un mystère, si l'on veut; mais on ne peut nier que ce soit une vérité cent fois consignée dans les lois de l'histoire : tout ce qui arrive aujourd'hui en est une preuve de plus.

Nos désastres sont suprêmes, nos plaies sont profondes, nos capacités personnelles anéanties, nos ressources matérielles déjà braquées contre nous, notre plus belle armée pleure sur le chemin de la capitulation et sous le poids de l'exil, nos forces vives s'évanouissent comme la cire se fond devant le feu, en un mot toutes nos épreuves ont le caractère de châtiment, et il faudrait n'avoir jamais su lier deux propositions pour ne pas voir que tout se résume ainsi : France coupable, France humiliée : et, si l'on en croit les brutales rancunes de la Prusse, la punition n'est pas encore à son terme. Elle ne veut rien moins que l'anéantissement de notre patrie, et la guerre d'extermination qu'elle nous fait en est la preuve.

Si malheureusement nos armes continuent à se montrer impuissantes malgré la valeur de nos soldats, ne serait-ce pas parce que la cause du mal existe encore ? Les impiétés et les sacriléges dont certaines communes donnent l'exemple peuvent-elles avoir d'autres résultats que d'enhardir la sauvagerie de la morgue prussienne, qui, regardant le foyer de nos villes par-dessus les murs, s'attendait à voir l'anarchie lui ouvrir toutes nos portes?

Et franchement, encore aujourd'hui, ces puantes cassolettes que notre ambassadeur fait fumer sous le nez du geôlier de Pie IX sont-elles de nature à nous rassurer beaucoup sur l'avenir? Est-ce avec de semblables moyens qu'on remettra jamais en honneur le drapeau français? Ne pouvons-nous pas dire au contraire avec le poète :

> Non tali auxilio neque defensoribus istis
> Tempus eget.

On devrait savoir cependant que la prospérité de notre patrie a toujours été tellement engagée dans la question romaine que toutes les fois que la France a pactisé avec les ennemis du Saint-Siége, elle a été cruellement punie; aussi c'est avec raison que l'on a pu dire et répéter qu'en combattant pour Rome, notre armée combattait pour la France, et que c'est à Rome délaissée que la France a été vaincue. Eclairé par tant d'évènements instructeurs, ne comprendra-t-on pas enfin que, si notre cause fût restée sincèrement fidèle à celle de la justice et des droits sacrés de l'Eglise, elle ne serait pas aujourd'hui montrée aux nations comme victime justiciable de sa traîtreuse diplomatie.

Qui pourrait ne pas partager la consternation générale de notre France? Mais qui pourrait aussi ne pas gémir sur les causes qui nous ont manifestement attiré tant de malheurs? Depuis bien des années nous étions le scandale des nations. Paris surtout n'était plus qu'un vrai sabbat d'infamie et d'impiétés : on y glorifiait le sacrilége; le cynisme et le dévergondage des mœurs publiques rappelaient les temps du paganisme le plus éhonté et le plus barbare. Non-seulement la pensée chrétienne, qui n'aurait jamais dû séparer les deux causes du père et des enfants, celle du Pape et celle des Français, puisqu'elles n'en font qu'une, était complètement méconnue, méprisée; mais depuis onze ans la criminelle déloyauté de nos gouvernants semblait ne pas se douter qu'en préparant l'oppression sacrilége du Pape et le brigandage dont il est aujourd'hui victime, elle appelait sur nous tous les fléaux qui nous ruinent.

Dans la crise formidable que nous traversons, le désarroi est général : les mères, navrées de douleur, sont sans consolation; la torture des pères augmente d'un jour à l'autre; l'angoisse est dans tous les cœurs : le présent nous triture, l'avenir nous promet une effrayante misère. A la vue d'un tel degré d'humiliation, inouïe dans l'histoire, on ne peut se défendre de cette pensée que ce châtiment est surnaturel, puisque tant de sang déjà répandu ne suffit pas encore pour apaiser le ciel justement irrité. Mais si le jugement de Dieu est terrible, il ne sera pas inexorable, car il n'est pas dans les desseins de Dieu que la France soit avilie. Elle se relèvera, elle repoussera loin d'elle la honte et le déshonneur; mais il y a pour cela une condition absolument nécessaire : ne fermons pas plus longtemps les yeux à la lumière. Souvenons-nous que le Dieu qui humilie est le même que celui qui donne le succès : *Deus qui vivificat et qui mortificat.* Si la France se comporte de manière à mériter l'intervention de ce puissant allié, elle reprendra son rang parmi les nations, et la

Providence ne se refusera pas plus longtemps à ramener la victoire sous nos drapeaux. Sans qu'il soit besoin d'attendre la fin de nos luttes, il nous vient déjà quelque espérance que Dieu va bientôt prendre fait et cause dans les souffrances de notre patrie. Invoquons-le donc avec confiance : il nous reste cette ressource de la prière, que nous n'avons pas encore assez employée.

La France, épurée par le malheur, reviendra au Dieu des miséricordes, qu'elle n'aurait jamais dû abandonner, et qui a toujours des pardons pour tous les repentirs; on verra l'arc-en-ciel d'une paix chrétienne et vraiment durable, car si tout est compromis, rien n'est encore perdu. La mission de la France n'est pas achevée. Son bras a toujours été le bras de la Providence pour faire rendre à l'Eglise de Dieu ce que ses ennemis lui avaient ravi. Le jour de la réparation viendra; la France ressuscitée reprendra son rôle : elle sera la libératrice de Rome, et cette bénédiction sera le prix de sa gloire. *Et tunc absterget Deus omnem lacrymam ab oculis eorum, et mors ultra non erit, neque luctus, neque clamor, neque dolor, quia prima abierunt.*

BESANÇON, IMPRIMERIE DE J. BONVALOT.

www.ingramcontent.com/pod-product-compliance
Ingram Content Group UK Ltd.
Pitfield, Milton Keynes, MK11 3LW, UK
UKHW012313240726
13966UKWH00005B/1838